L'ALLIANCE FRANÇAISE

CONFÉRENCE

FAITE LE 2 AVRIL 1887

AU THÉATRE DE CHAMBÉRY

Sous les auspices du Comite regional et sous la présidence de M. FOREST, conseiller général,

PAR

M. L. PLASSARD

Professeur à l'Ecole préparatoire et au Lycée.

CHAMBERY

IMPRIMERIE MÉNARD, RUE JUIVERIE

—

1887

L'ALLIANCE FRANÇAISE

CONFÉRENCE

FAITE LE 2 AVRIL 1887

AU THEATRE DE CHAMBERY

Sous les auspices du Comité régional et sous la présidence de M. FOREST, conseiller genéral,

PAR

M. L. PLASSARD

Professeur à l'Ecole préparatoire et au Lycée.

CHAMBERY

IMPRIMERIE MÉNARD, RUE JUIVERIE

1887

L'ALLIANCE FRANÇAISE

CONFÉRENCE DU 2 AVRIL 1887

Mesdames, Messieurs,

Au moment de vous parler de l'*Alliance française*, je ne veux pas solliciter votre indulgence, car je suis persuadé que vous accorderez de grand cœur, sinon à l'orateur, du moins au sujet que Messieurs les membres du Comité (1) lui ont laissé le bonheur

(1) Le Comité de l'Alliance regionale de l'Alliance française est composé à Chambéry de :

MM.

Brédit, recteur de l'Académie, président d'honneur.
Perrier, maire de Chambéry, conseiller genéral, président.
Faucheur, directeur des douanes.

de traiter devant vous, votre bienveillante attention.

*
* *

L'Alliance française pour la propagation de notre langue à l'étranger et dans les colonies, quoique florissante, n'a pas vu le jour il y a longtemps : elle date du 21 juillet 1883 ; c'est dire qu'il n'est pas difficile de se rendre compte des idées qui ont présidé à sa genèse.

Quand on jette un regard sur l'histoire de l'Europe, en cette dernière moitié du siècle surtout, de la complexité et de la contra-

---

LAPOUGE, commandant le 13e bataillon de chasseurs.
BAL, conseiller municipal.
HOLLANDE, directeur de l'Ecole préparatoire à l'enseignement supérieur.
REVOIL, professeur au lycée, délégué du comité central de l'Alliance française.

Les personnes qui désireraient adhérer à l'Alliance française peuvent le faire aux bureaux de l'Académie, rue de Maistre, 2 ; à la Mairie de Chambéry, ou chez l'un des membres du Comité.

Le *Republicain de la Savoie* recevra aussi les adhésions.

diction apparente des événements, une loi générale, grosse de conséquences, se dégage : les hommes veulent se grouper en masses de plus en plus homogènes ; sans nous en douter, nous faisons les plus grandes choses : notre époque sera pour la postérité l'ère des nationalités.

Les hommes, au lieu de rester unis en des états nombreux et composites, créations souvent artificielles de la politique, veulent former des groupes ethniques, ayant communauté d'origine, de traditions, d'idéal.

Cette tendance est un fait de nature inéluctable, un courant irrésistible que les politiques ont pu exploiter, mais qu'ils n'ont pas fait naître, qu'ils peuvent retarder, mais non arrêter. La vieille Europe du beau temps des chancelleries n'existe plus, et, en attendant un système d'équilibre et de stabilité en harmonie avec la nouvelle répartition des forces, nous avons vu se déchaîner des guerres d'une importance imprévue, d'un caractère saisissant, des guerres *à fond* ; or, toutes les revendications ne sont pas encore apaisées, des conflits se préparent, et veuille le sort retarder encore les futurs égorgements.

Il y a un combat pour la vie entre les nationalités : la concurrence n'est pas seulement politique, elle est aussi et surtout économique. Ce n'est pas par vanité que les nationalités veulent être grandes et fortes, c'est pour triompher sur le terrain où s'acquiert maintenant la richesse, où se développe la civilisation, le terrain industriel et commercial. L'Europe s'arme jusqu'aux dents : aime-t-elle la guerre d'un âpre amour ? Jamais elle ne l'a détestée davantage ; mais on convoite un Sedan militaire, parce qu'on sait qu'il sera le prélude d'un Sedan économique.

Voyez autour de nous : les nationalités indépendantes ne veulent plus être économiquement sujettes de rivales plus avancées; toutes mettent une orgueilleuse jalousie à développer toutes leurs forces agricoles et industrielles, à se débarrasser, dans la mesure du possible et de l'impossible, des tributs payés à l'étranger : c'est le complément de la liberté conquise.

Aussi, malgré la doctrine et les théoriciens de l'économie politique, malgré les chemins de fer, les mailles toujours plus serrées de leurs réseaux, malgré les relations sans cesse croissantes, on voit réapparaître à toutes les frontières des choses condamnées naguère comme barbares et gothiques : des tarifs, des droits protecteurs. Les nationalités, au lieu de chercher à préparer les Etats-Unis d'Europe, ce séduisant rêve de ceux qui nous ont précédés, tout en se connaissant de plus en plus, s'isolent.

Les débouchés prochains se ferment, il y a de moins en moins d'issues en Europe pour la production européenne.

Par une fatale concordance, les progrès de la science, le perfectionnement continu de son outillage condamnent la grande industrie à exagérer la production ; une crise de l'Occident à l'Orient fait souffrir l'Europe, et pourtant les nations souffrent de pléthore, elles vont s'appauvrissant, parce qu'elles accumulent trop de richesses.

Aussi cherchent-elles à les écouler dans le reste du monde, il faut aller chercher des clients nouveaux, en créer, au besoin ; la constitution en Europe des nationalités a eu bientôt pour résultat étrange de subordonner la politique européenne à la politique coloniale : il faut, à tout prix, s'ouvrir des débouchés lointains : ce n'est pas le caprice des politiciens, l'esprit de folle aventure ou de criminelle spéculation qui auraient pu faire naître l'évolution qui se déroulera de plus en plus largement devant nous.

La Grande-Bretagne, malgré l'immensité de son empire colonial, la lassitude qu'elle ressent à le soutenir, l'étend encore : à l'Inde elle vient d'ajouter la Birmanie. La monstrueuse Russie ne perd pas en Asie un jour; elle est dans la Mandchourie, à quelques journées de marche de la grande muraille de Chine ; elle a mis pied sur ce glacis de l'Afghanistan qui mène à l'Inde. Notre voisine, cette antique nationalité rajeunie, l'Italie, jette, des bords torrides de la mer Rouge, des regards d'envie sur les hautes et fraîches vallées abyssiniennes : ses revers l'ont attristée, sans lui faire lâcher prise. Enfin l'Allemagne, la nuageuse Allemagne d'antan, devenue si effroyablement positive, qui, par la bouche de son grand chancelier de fer, aurait déclaré, il y a quelques années, que toutes ces tentatives « *ne valaient pas les os d'un grenadier poméranien* », en proie à la même inquiétude fébrile, augmente sa flotte, veut réveiller les traditions oubliées trop longtemps de sa Hanse, et cherche dans tous les recoins du globe s'il n'y a pas des terres stériles, brûlantes et malsaines, mais inoccupées, où pourra battre son pavillon.

Il y a comme une expansion croissante des nationalités européennes hors de l'Europe : elles cherchent, en une active lutte de vitesse, à s'annexer les pays non entamés, à s'adjuger les peuples inférieurs, pour sustenter leur propre vie dont la civilisation étend et aiguise les besoins.

Comme il s'était constitué une plus grande

Bretagne, suivant le mot de sir Charles Dilke, il se fait une plus grande Russie, une plus grande Allemagne.

Arrêtons-nous et demandons-nous quelle sera, au milieu des grandes nationalités européennes, l'importance de la France? Aussitôt qu'on y réfléchit, un effroi serre le cœur.

La France qui la première, à la fin du siècle passé, a eu la pleine conscience de sa nationalité et a donné le signal de l'éveil, qui dans ce siècle, avant ses déboires amers, a toujours été la protectrice des nationalités opprimées, parfois la coopératrice de celles qui par les armes ont revendiqué leur délivrance, la France a perdu par le triomphe même du mouvement dont elle a eu l'initiative.

Disons-le sincèrement, la France ne peut plus s'agrandir en Europe. Oh! vous me comprenez, je ne parle pas de la plaie béante de sa frontière de l'Est, il faut savoir se taire ; pour un moment je veux oublier ce deuil, je suppose même qu'il ne nous a pas accablés : la France ne pourrait pas s'étendre. Elle n'a plus sur ses frontières, comme au temps de Louis XIV ou de la Convention, des pays morcelés, vivant d'une vie locale et particularisée, incertains encore de leur nationalité : tous nos voisins vivent maintenant d'une vie nationale ; il faut le dire à l'honneur de notre temps, on ne peut plus conquérir des Européens.

Or, dans ces bornes posées, semble-t-il, à jamais, vous le savez tous, notre race ne s'accroît pas dans la proportion des races voisines et rivales. La statistique, cette science terrible dans son abstraction, est là avec ses chiffres et ses pronostics.

Au commencement du vingtième siècle, 60 millions d'Allemands s'appuyant sur 30 millions d'Autrichiens, domineront l'Europe centrale « *de la montagne à la mer* », réalisant la devise des vieux Hohenzollern ; 120 millions de Russes occuperont à l'est des espaces immenses où la steppe tout entière sera transformée en champs féconds, où le descendant du vagabond Cosaque devenu mineur, exploitera d'incalculables richesses souterraines ; 120 millions d'Anglo-Saxons essaimés dans le monde pourront continuer à dominer sur 300 millions de sujets d'autre race ; que sera auprès de ces colosses de l'avenir, une France réduite à 40 millions d'enfants.

Par la force aveugle et stupide du destin, cette France qui a été si grande et si glorieuse, qui souvent a tenu le premier rang, l'a toujours disputé, descendra-t-elle au second, plus bas encore peut-être ?

Et il ne faut pas se faire d'illusions. Ce ne serait pas seulement la perte définitive de la suprématie, l'oubli

des longs espoirs et des vastes pensées,

ce serait aussi la ruine économique. Dans la lutte industrielle comme dans la lutte militaire, les nations faibles seront écrasées par les gros bataillons et les formidables armées de leurs rivales sous le seul poids du nombre. Il n'y aurait pas seulement une blessure incurable dans le cœur de tout Français qui ne se résignera jamais à abdiquer, sans espoir de retour, l'antique hégémonie de sa race, il y aurait pour la France impossibilité de vivre ; elle serait dans le monde de demain, comme ces républiques italiennes, une Venise, une Florence, qui après un passé glorieux, illustré par la double prééminence commerciale et intellectuelle, allèrent déclinant dans la torpeur et l'atonie.

Pareille déchéance serait pour la France pire qu'une totale extinction.

*
* *

Les hommes qui ont entrevu ces lugubres perspectives et qui en ont été tristes jusqu'à la mort, ont été dupes de leurs angoisses patriotiques. Ils étaient obsédés d'une conception surannée. Ils croyaient encore que la nationalité est faite de la communauté d'origine, de la diffusion d'un même sang dans les veines des enfants d'une même terre ; non, nous voyons l'idée de nationalité se spiritualiser chaque jour : les liens matériels de la race, de la parenté, les seuls qui unissaient les hommes dans les vieilles sociétés, ne sont plus nécessaires et ne suffisent plus. La nationalité se constitue par la communauté de langue.

La communauté de langue amène la communauté d'idées, de sentiments ; les hommes parlant même langue auront bientôt même idéal politique ou social ; ils chercheront à s'unir, parce qu'ils auront sympathie de tendances et d'intérêts, parce qu'ils auront même volonté.

Dans la politique du XIXe siècle, ce ne sont plus, comme autrefois, les feudistes déterrant, dans la poussière des archives, de vieux droits, ce sont les linguistes qui semblent avoir donné le mot d'ordre aux militaires et aux hommes d'Etat.

Quand, en 1864, pour commencer leur œuvre d'unification, les Allemands ont réclamé le Sleswig et le Holstein, ils arguaient que la langue parlée par les habitants des duchés de l'Elbe était l'allemand. Hélas ! si les Alsaciens, auxquels, par une délicate attention, nous laissions leur dialecte allemanique, s'étaient hâtés de le désapprendre, quel politique allemand aurait songé à la possibilité d'une annexion de l'Alsace à l'Allemagne? Il y a des monstruosités dont un vainqueur brutal, mais sensé, n'oserait plus courir le risque.

Mais on espérait assimiler bientôt la nouvelle Alsace, et l'on citait le fameux vers d'Arndt :

« Partout où résonne l'allemand doit s'étendre l'Allemagne. »

Qui a permis de faire si vite l'Italie, morcelée en un si grand nombre de principautés, ayant oublié depuis si longtemps la concorde ? la permanence au milieu des révolutions, des invasions étrangères, de l'idiome forgé par le Dante, qui, après avoir fait la grandeur littéraire de son pays, a été, du lointain XIIIe siècle, le premier ouvrier de son unité.

Nous avons encore vu, plus récemment, des peuples, grâce à leur langue, se retrouver. Qui a empêché les petites nationalités des Balkans de disparaître, broyées sous la conquête ottomane ? Ce sont les vieilles ballades chantées dans l'idiome national, célébrant les héros tués sur les champs de bataille où succomba l'indépendance, qui maintenaient le souvenir du passé glorieux, des ancêtres libres, et qui ont donné aux descendants le courage, le moment propice, venu, de secouer le joug.

En Bulgarie, le réveil national a été précédé d'une renaissance littéraire tout archaique ; les vieux érudits fouillaient les bibliothèques des couvents orthodoxes, publiaient des chartes, écrivaient des grammaires: travail anodin en apparence, travail dont a surgi ce vivace sentiment national, qui, après avoir soulevé les Bulgares contre les Turcs, leur donne la prodigieuse audace de tenir tête au Tsar.

Mais la langue n'est pas seulement l'instrument de l'unité politique et sociale, c'est le grand véhicule des transactions commerciales.

Le commerce ne suit pas le pavillon, mais le langage.

D'où est donc venue, à partir de Colbert, au XVIIIe siècle, dans la première moitié du nôtre, la fortune de notre industrie française, cette industrie aux produits élégants, où le métier devient de l'art ? de la prééminence de notre littérature. C'est parce que l'étranger lisait Voltaire, qu'il s'est épris de notre vin de Champagne ; c'est parce que les grandes dames avaient dans leur boudoir un roman français, une comédie parisienne, qu'elles demandaient le meuble français, l'article de Paris, la soierie lyonnaise. L'écrivain, le grand écrivain avait été, passez-moi l'expression, le commis-voyageur le plus discret, du meilleur goût et le plus persuasif.

Il y a, pour montrer l'influence du langage sur les transactions commerciales, un exemple topique. On croit souvent que l'Angleterre s'est enrichie surtout par son empire des Indes ; erreur, le budget des Indes se solde depuis longtemps en déficit : ce sont les colonies de race anglaise, parlant anglais, qui forment la meilleure clientèle de l'Old England. Et encore c'est une nation hostile, jalouse, qui enrichit surtout les marchands de la Cité : ce sont les Etats-Unis.

Quand ils n'étaient qu'une colonie anglaise soumise à la fausse politique coloniale du temps, ils ne rapportaient rien à la Métropole ; quand ils se furent affranchis, quand leur prospérité eut pris cette marche ascendante, dont on ne saurait prévoir le terme, ils apprirent aux économistes de la vieille école, stupéfaits, que l'Angleterre avait gagné à sa défaite. Ils font avec l'Angleterre un commerce de 127 millions sterling, et la France qui touche à l'Angleterre, où, périodiquement, nous avons la passion de l'anglomanie, ne fait, avec sa laborieuse voisine, qu'un commerce de 36 millions sterling. C'est que les Yankees parlent anglais, lisent toujours Shakespeare et dévorent Dickens ; malgré eux, ils ont toujours besoin de l'Angleterre, des produits anglais.

Dans les hautes sphères politiques anglaises, où l'on se préoccupe beaucoup de l'avenir de l'Empire colonial anglais, où l'orgueil invétéré de Pitt fléchit, mais où le sens pratique abonde, on discute une théorie curieuse, énoncée pour la première fois, dès 1862, par Goldwin Smith: la Métropole doit faire, par un coup d'Etat inouï, abandon de toutes ses colonies; celles qui sont peuplées d'Indiens, de Maoris, de Zoulous, iront au diable; celles, en revanche, qui sont peuplées d'hommes de race anglaise, ou parlant déjà anglais, ne coûteront plus un penny, et néanmoins, qu'elles le voulussent ou non, continueront à être des colonies commerciales, des lieux d'exportation pour les manufactures de Sheffield ou de Birmingham.

La thèse est dangereuse; mais, comme tout paradoxe troublant, elle s'appuie sur un fait incontestable.

Mais alors, pour étendre l'influence d'un pays, lui ouvrir des débouchés, propager sa nationalité, lui créer, je ne dirai pas artificiellement, mais par un effort d'intelligence et de volonté, de nouveaux citoyens, il suffit d'étendre sa langue?

Ce n'est pas nous qui les premiers avons tiré

cette conclusion évidente de soi ; un préjugé a pu nous empêcher d'être les créateurs en ce chapitre ; nous ne nous imaginions guère qu'on pût faire grand en dehors de l'Etat : ce sont les Autrichiens, ces Allemands du Sud, soumis si longtemps au despotisme le plus doctrinaire et le plus systématique de l'Europe, les plus dénués, semblait-il, de l'esprit d'entreprise. Dans leur monarchie, véritable mosaïque de races, Babel de langues, les Allemands de la Cisleithanie s'apercevant qu'ils risquaient, n'ayant pas pour eux le nombre, ayant perdu leur ancienne suprématie politique et militaire, d'être submergés sous le flot montant des Slavons, des Galliciens, résolurent de triompher de ces races toujours regardées comme inférieures, par un emploi plus scientifique de leur patriotisme et de leur activité.

Ils ont inauguré le nouveau moyen de lutte. Ils ont créé une Association pour la défense et pour la propagation de la langue allemande. L'Association s'étendit avec une extrême rapidité : elle compte plus de cent mille membres ; elle dispose de millions ; elle peut dépenser 500,000 francs par an pour les écoles allemandes en pays tchèque, en Bohême, et quand elle aura gagné son combat dans les provinces des Habsbourg, elle ira répandre sa langue au loin, à Salonique, dans les Echelles du Levant, où l'Autriche, qui naguère était une puissance maritime un peu supérieure à la Suisse, a maintenant comptoirs, maisons de commerce et grandes flottes.

L'exemple de l'Autriche a été mis à profit par sa rivale victorieuse de 1866, la Prusse, qui, vous le savez, n'innove guère, pas plus en industrie qu'en art militaire, qui certes n'a pas l'illumination et l'inspiration géniale, mais qui, avec méthode et discipline, sait merveilleusement tirer d'une idée tout ce qu'elle contient.

Il s'est créé à Berlin une Société qui s'intitule Société générale scolaire allemande, qui lutte pour la langue allemande, mais au profit de l'Empire de 1871 et de la domination prussienne. Elle aide à la germanisation du grand duché de Posen, la plus malheureuse partie de l'ancienne Pologne, celle qui, grâce à l'impitoyable tactique du maître et de l'assaillant, semble devoir perdre définitivement sa nationalité ; elle aide à la germanisation de ces provinces baltiques, Courlande, Livonie, rattachées politiquement à la Russie, mais où le commerce et où toutes les classes moyennes parlent l'allemand. Enfin, vigoureusement aidée par la Société de géographie de Berlin, la Société générale scolaire allemande, tout en installant le germain dans les provinces limitrophes de l'Empire, ira le répandre dans les colonies nouvelles que l'on fonde, dans les pays que l'on se prépare à annexer. Dans une de ses dernières lettres, Stanley constatait, avec amertume et colère, les progrès des Allemands sur la côte de Zanzibar, cette route des lacs équatoriaux, où, il y a dix ans, les Anglais dominaient en maîtres.

*
* *

La France ne pouvait rester indifférente ou dédaigneuse, et se voir brusquement un jour, par sa faute, distancée, Son empire colonial venait de s'augmenter d'un joyau magnifique, la Tunisie ; quand le ciel nous aidait, il ne fallait pas nous abandonner : l'Alliance française se crée en 1883, en 1884 elle est déclarée d'utilité publique, et bientôt le ministre de la guerre lui accordait une marque précieuse de sa sympathie : les officiers et soldats pouvaient en faire partie sans autorisation spéciale

Quel est son programme? Propager la langue française à l'étranger et aux colonies. Pour le remplir? envoyer des livres, des journaux, des revues, employer tous les moyens de diffusion ; fournir des subsides aux écoles lointaines, leur procurer des professeurs de français quand elles ne les possèdent pas ; enfin, au fur et à mesure que les ressources de l'Alliance augmentent, car faire le bien même est de notre temps une question d'argent, faire vivre des écoles, à elle seule.

Les alliés arrivèrent des points les plus opposés de l'horizon politique. L'Alliance eut à sa tête M. de Lesseps, M. Charles Tissot, cet orientaliste diplomate et ambassadeur à Constantinople et à Londres, que la mort a trop tôt ravi, M. Duruy, enfin, ce ministre libéral et progressiste du second Empire, qui n'est plus, dans nos souvenirs, que le ministre de la France ; pour secrétaire perpétuel, M. Foncin, inspecteur général de l'instruction publique, qui lui a dévoué une grande part de sa persévérance et de son infatigable activité ; pour archiviste, M. l'abbé Charmettant, missionnaire apostolique, puis M. l'abbé Duchesne, revenant de Rome où il avait amassé les matériaux pour écrire une sérieuse histoire de la Papauté. L'armée y fut représentée par une de nos gloires les plus pures de la guerre de 70-71, le général Faidherbe; la marine, par ce chef d'escadre historien, Jurien de la Gravière. Le protestantisme donna M. le sénateur de Pressensé; le judaisme, le rabbin Zadoc-Kahn. Des républicains militants, MM.

Ranc, Spuller y fraternisèrent avec MM. Jules Simon, Taine ; M. Pasteur y rencontra M. le vicomte de Vogüé, ce grand seigneur doublé d'un érudit et d'un artiste, qui se vient reposer de ses voyages dans une vallée savoisienne.

Mais que ces noms ne nous effrayent pas : l'Alliance, malgré la haute valeur de ses premiers fidèles, ne veut pas rester une église fermée. Elle s'est constituée à portes ouvertes.

Elle s'adresse aux bourses les plus humbles : pour être son adhérent, il suffit de verser, par année, un minimum de six francs : c'est bien peu, six francs.

De plus, ce n'est pas une association dont la masse des membres doivent se contenter de verser timidement leur cotisation, les affaires dont elle s'occupe étant connues et traitées par une oligarchie, un conseil des Dix : l'Alliance française s'est hardiment décentralisée. Il y a un comité directeur à Paris, mais dans toutes les régions existent des comités locaux, où chacun peut avoir le

plaisir de surveiller lui-même les progrès de l'Alliance. Elle publie un Bulletin éloquent dans sa simplicité. Elle ne permet pas seulement à tous le don d'une obole, mais une collaboration active, personnelle de tous les instants.

Depuis trois ans qu'elle existe, elle compte plus de douze mille membres.

*
* *

Quels résultats ont-ils obtenus ? Que leur reste-t-il à faire ?

Regardons d'abord autour de nous. En Suisse, en Belgique, ces voisines qu'il importe tant d'avoir sympathiques et bienveillantes à la France, pour les inviter à faire courageusement respecter leur neutralité, notre langue se défend. En Belgique le français littéraire empiète continuellemeut sur les dialectes flamingants. En Suisse, quoi qu'on en ait dit, le français ne recule pas devant l'allemand. Il y a dans la Suisse romande une immigration continuelle d'Allemands, et pourtant, des cantons comme Neuchâtel et Fribourg, des villes comme

Bienne et Morat se francisent. L'explication est fournie par un savant distingué, M. A. de Candolle. Quand le français y est en contact avec l'allemand, il l'emporte aisément ; il est bien plus clair, sa syntaxe est plus simple, plus analytique, sa construction plus logique. Les habitants qui peuvent parler les deux langues se décident bientôt pour le français.(1) L'Alliance n'a qu'à rester spectatrice du combat dans la Suisse française et à jeter des avant-postes dans la Suisse allemande : ainsi l'école française de la Société de bienfaisance de Bâle.

En Angleterre, il importe de ne pas nous laisser oublier. Les Anglais, malgré leur fierté insulaire, apprennent beaucoup notre langue et ne laissent d'être séduits par des choses françaises : ils nous donnent encore plus que nous leur rendons. L'Alliance a trouvé à Londres une société dont la tâche n'est pas sans analogie avec la sienne, la

---

(1) A. de Candolle, *la Science et les Savants,* pages 300 et 303.

Société des professeurs de français, qui réunit plus de 2,000 membres, avec des hommes comme MM. Bué et Chevassus à leur tête. Soyez sans craintes, longtemps encore les jeunes miss traduiront le *Lac* et voudront venir au Bourget.

En Espagne, nous avons beaucoup d'émigrants. Des milliers à Madrid, au moins 30,000 à Barcelone. La plupart sont des gens de notre Sud-Ouest, qui grâce à leurs patois de langue d'oc, comprenant très facilement l'espagnol, se perdent trop vite dans la nationalité ibérique. Il faut entretenir au-delà des Pyrénées, dans les grandes villes, des écoles françaises pour les jeunes fils de nos émigrants : qu'ils continuent à savoir le français, ils aimeront encore la patrie française. Qui sait si, à une époque où il est bien humiliant de ne pas payer l'impôt du service militaire à sa véritable patrie, nous n'aurons pas des jeunes gens poussés par la reconnaissance à venir faire leur service en France ! ce sera autant de conservé. L'Alliance a inscrit à son budget l'école de la

Société française de bienfaisance de Madrid, fondée avant 1848, sous les hospices de M. de Lesseps, alors jeune et diplomate de carrière, et les écoles françaises de Barcelone.

Mais c'est en Amérique que nous avons des colons sans colonies.

Vous songez immédiatement au Canada ; nous y avons plus d'un million deux cent mille frères habitant les bords du Saint-Laurent et des grands lacs, descendants des 50,000 colons et trappeurs, cédés à la Grande-Bretagne par ce funeste traité de 1763, amené par l'ineptie du gouvernement de Louis XV, mais, il faut bien aussi l'avouer, par l'indifférence de l'opinion publique, qui se préoccupait trop des ballets d'opéra et de la philosophie des salons, pas assez de l'héroisme des Montcalm et de nos intérêts coloniaux. Les Canadiens, non seulement se multiplient, donnant un démenti éclatant à ceux qui soutiennent que la race française, même en pays tempérés, ne peut pas coloniser, mais ils s'assimilent les émigrants que leur envoient les autres nations européennes :

ils voudraient bien voir venir plus souvent des fils de leur ancienne métropole ; ils publient un journal, la *Colonisation*, pour faire connaître les richesses vraies et non factices que recèle leur sol ; mais peu importe, ce noyau français finira par conquérir au Français la population disparate de plus de 3 millions d'habitants du Dominion.

Les Canadiens, qui sont venus de Québec et de Montréal dans notre dernière guerre combattre pour leur antique patrie, combattent pacifiquement pour nous de l'autre côté de l'Atlantique : ils sont assez forts pour triompher seuls : l'Alliance les suit de loin avec reconnaissance et admiration.

Aux Etats-Unis nous avons des Français qu'il ne faut pas laisser se perdre dans la grande République, serait-ce seulement pour rappeler, dans des instants solennels, au gouvernement de l'Union, que s'il doit ménager les émigrants allemands si nombreux, si influents, il ne doit pas oublier non plus la glorieuse confraternité d'armes de la France. L'Alliance est en rapport avec l'Union des Sociétés françaises de New-Yorck, avec l'Ecole de l'Union française de la Nouvelle-Orléans, avec la Ligue française de San-Francisco.

Dans l'Amérique du Sud, nos nationaux forment des essaims compacts : nous avons 20,000 compatriotes au Mexique, 3,000 au Pérou, 4,000 au Chili, 70,000, dont bon nombre enfants de la Savoie, dans la République Argentine. Il faut rester unis de cœur et de pensée avec eux : qu'ils soient autant d'agents de notre influence, les propagateurs de nos produits : Latins, nous devons continuer à dominer dans l'Amérique latine.

Ce n'est qu'aux prix d'un effort incessant que nous conserverons nos positions menacées partout.

Ainsi, dans l'Orient turc, dans ce Levant, où l'on désignait naguère tout Occidental sous le nom de Franc, où, les premiers, nous avons obtenu des sultans les Capitulations : il ne faut pas nous assoupir. Les Allemands encombrent à Constantinople toutes les ad-

ministrations ; les Anglais possèdent les chemins de fer d'Anatolie , les maisons de banque ; depuis qu'ils ont occupé Chypre et projeté de se créer, par l'Euphrate, une nouvelle route des Indes, ils veulent nous annihiler dans un pays où, sous le second empire, nous avons fait encore une expédition pour maintenir notre prestige. L'Alliance fait résistance par l'école. Elle a envoyé un professeur français, M. Lescane, rien moins qu'un élève de la Sorbonne, à l'école d'Halki, dans les îles des Princes, en mer de Marmara ; un autre, M. Pauthier, à l'Université grecque du Phanar ; elle a ses protégés à Sofia, à Andrinople. En Asie-Mineure, elle aide ceux qui maintiennent l'influence de la France sur ce sol abreuvé autrefois du sang de nos Croisés : nos missionnaires, nos religieux.

Je trouve dans un *Bulletin* de l'année dernière la liste des écoles que l'Alliance n'oublie pas en Asie : Ecoles grecques catholiques de Mgr Elias Mansour, en Syrie ; Ecole de médecine des R. P. Jésuites de

Beyrouth; Ecole grecque catholique de Baalbeck; Ecole des Lazaristes de Damas; — mais, je m'arrête, d'aucuns pourraient accuser notre Alliance de cléricalisme.

En Egypte, l'Alliance aide à un retour offensif. Nous avons là-bas, sur les bords du Nil, 150,000 Français, qui sont assurément la colonie française la plus aimée. Le pays où Bonaparte joua, dans ce qui fut le roman de sa vie, un rôle de civilisateur, où M. de Lesseps a réalisé enfin le rêve des Pharaons, où les Mariette, les Maspero ont révélé la vieille histoire, ne peut rester sous la domination exclusive des Anglais. Nous avons eu une heure d'impardonnable aberration, mais nos compatriotes luttent, sans récrimination, avec intrépidité, pour que la France conserve en Egypte sa situation prépondérante, et nous pouvons, sans menacer personne, avoir bon espoir : l'Alliance jette silencieusement, mais fructueusement, le bon grain : elle a des écoles à Alexandrie, à Damiette, à Port-Saïd, à Ismailia, à Suez.

Vous entrevoyez bien un des avantages

de l'Alliance. En ce temps de défiances et de susceptibilités internationales, où le moindre point noir à l'horizon paraît annoncer une tempête, elle peut intervenir, agir là où notre gouvernement doit se désintéresser.

Ainsi, à Tripoli, à Bengazi, elle a pu créer des écoles. S'il y avait, par hasard, au Quirinal, à Rome, un ministre des affaires étrangères gallophobe, malgré toute la subtilité italienne, il ne saurait chercher noise à une association de particuliers.

Néanmoins, le grand rôle de l'Alliance est dans nos colonies, là où nous avons nos coudées franches.

En face de nos côtes méditerranéennes, elle aide à faire du Magreb, de l'Algérie et de la Tunisie la *France nouvelle,* où nos destins se rajeuniront.

Il y a encore bien de la besogne en Algérie. La conquête a été longue, pénible : pour s'emparer de l'Inde, les Anglais n'ont pas déployé le tiers de notre énergie : nous nous sommes heurtés à une résistance acharnée. Par surcroît, nous avons cru longtemps que la conquête par l'épée était suffisante, nous avons oublié qu'elle doit être complétée par le livre. Nos émigrants peuvent être moins nombreux que les Espagnols et les Italiens, et il faut, sous peine de redoutables complications dans l'avenir, faire au moins de leurs enfants de véritables Français, et nous devons songer enfin sérieusement à nous assimiler les indigènes, à les rapprocher si intimement qu'ils nous soient définitivement acquis. Au début, l'Alliance croyait pouvoir s'en remettre, pour l'Algérie comme pour la France, à l'Etat français : elle se faisait illusion. Nous avions un budget de 49,000 francs pour élever 400,000 enfants arabes, un peu plus de dix centimes par tête, tandis que les Américains aux Etats-Unis dépensent 100 francs par peau-rouge, et la race aborigène s'y éteint, et l'on n'a pas crainte qu'elle puisse un jour se retourner contre les visages pâles.

L'Alliance a fondé une école arabe dans le quartier de la Kasbah, à Alger ; d'autres à Gardaia, à Vieux-Biskra, à Djelfa ; des cours d'adultes. Il est consolant de l'ajouter. Nulle part elle n'a rencontré autant de sympathie que chez les Français d'Algérie. Une opinion qui fut vérité à son heure est devenue maintenant une erreur et une calomnie. Les Français d'Algérie étaient, disait-on, gens fort intelligents, mais ne songeant qu'à vivre aux dépens de la Métropole d'abord, des indigènes ensuite. La lie que remue toujours le commencement d'une colonisation s'est déposée, à cette heure ; les Français d'Algérie comprennent qu'ils ont des devoirs envers les Arabes et les Berbers. Les adhérents sont venus à l'Alliance empressés et nombreux : 1,400 adhésions dans notre France d'Algérie. Je pourrais citer telle commune minuscule où 18 personnes ont souscrit, gros et petits bonnets (1).

En Tunisie, sans qu'on puisse être taxé

(1) Nos Chambres viennent d'inscrire, dans la loi des finances de 1887, 174,000 francs pour les ecoles d'Algérie, et le Ministre de l'Instruction publique, l'honorable M. Berthelot, de l'Institut, se propose dans son voyage actuel (avril 1887) d'etudier, sur

d'optimisme exagéré, on peut éprouver une grande joie. Nous avons eu la bonne fortune de nous emparer de la Régence presque sans coup férir, sans exciter cette haine ardente qui reste, après d'interminables luttes, dans le cœur des vaincus. D'ailleurs, instruits par notre expérience de l'Algérie, nous avons immédiatement commencé notre mission civilisatrice, nous avons installé des écoles. L'Alliance a la chance d'avoir en Tunisie des serviteurs émérites de la France: un homme que tous les partis respectent, parce qu'il est en dehors de tous les partis, Mgr Lavigerie, archevêque d'Alger et de Carthage, primat d'Afrique, qui a donné à l'Alliance un concours dont elle est fière : Mgr Lavigerie a fondé pour les jeunes filles l'Ecole des dames de Sion, pour les jeunes gens le Collège Saint-Charles de Carthage, sur les vestiges de l'ancienne cité punique

---

place, le problème de l'instruction des Arabes et des Kabyles.

Les efforts de l'Alliance n'ont pas été sans influence sur ces salutaires résolutions.

et près de l'endroit où mourut Saint-Louis ; puis, M. Machuel, un arabisant distingué, directeur de l'enseignement public en Tunisie, l'homme le mieux fait pour créer l'enseignement franco-arabe ; il a fondé à Tunis le Collège Sadiki, l'Ecole normale ou Collège Alaoui ; bientôt toutes les villes de quelque importance auront leur école. De riches Musulmans ont adhéré à l'Alliance ; on apprend le français avec avidité.

Vous savez le rôle discuté mais considérable joué par l'élément israélite dans les pays barbaresques : il a entre ses mains le petit et grand commerce, la banque. Les Juifs ont là-bas, comme toutes les races longtemps persécutées et humiliées, des défauts graves : ils abusent trop souvent de leur affranchissement, résultat de la conquête française ; récemment à Tunis, ils nous suscitaient des embarras. Mais gardons-nous de faire de l'antisémitisme dans le Magreb : au contraire, unissons ces deux races sémitiques séparées par la religion, Juifs et Arabes, Israël et Ismaël.

L'Alliance a commencé cette politique conciliante, en venant en aide aux écoles de l'Association Israélite.

Au Sénégal, depuis les hauts faits de nos braves soldats qui, dans les dix dernières années, avec de bien faibles ressources ont renouvelé les exploits des *conquistadores* espagnols du XVIe siècle, nous dominons sur un vaste territoire : le drapeau tricolore flotte sur le Niger, sur la route de Timbouctou, la ville autrefois légendaire, maintenant amie de la France. Il y a quelque chose à faire. La plus haute autorité en la matière, le général Faidherbe, a précisé avec un bon sens supérieur la tâche. Il ne s'agit pas de faire des petits ouolofs et bambaras, vous le prévoyez bien, des enfants prodiges, des merveilles de précoce science. On dit que naguère, à Madagascar, les méthodistes de la *London missionnary society* se contentaient d'apprendre aux Malgaches quelques mots d'anglais, quelques mots indispensables pour lire le fameux verset dans lequel il est dit qu'Adam et Eve s'égarèrent dans le paradis terrestre, parce qu'ils n'étaient pas vêtus de cotonnades anglaises, — et les Malgaches achetaient des cotonnades anglaises !

Nous ne voulons pas apprendre tout le français aux Sénégalais, seulement assez pour leur faire comprendre, en gros, notre patrie ; pour les empêcher d'être périodiquement soulevés par des agitateurs et de faux prophètes ; assez pour leur inspirer aussi le désir spontané de nous acheter ou de nous échanger quelques produits. Toutes les races sauvages, quand elles commençent à négocier avec les civilisés, cherchent d'abord à satisfaire leur passion de la parure, leur goût du superflu ; elles le savent bien les chambres syndicales parisiennes de céramique et de bijouterie qui, les premières, ont adhéré à l'Alliance : c'est en se servant de cette passion des peuples enfants, en leur inspirant des besoins croissants qu'on peut développer leur activité, leur donner ce qui leur manque absolument, l'amour du travail, les élever peu à peu, par gradations insensibles, à une civilisation plus avancée. Nous apprendrons aux Sénégalais, tant qu'il le faudra, un français-nègre. M. Hubler de Saint-Louis demandait à l'Alliance des grands crayons rectangulaires de charpentier et du papier gommé, où les caractères puissent s'effacer, et des vieux livres : par économie, sans doute, mais probablement aussi parce que, après avoir servi dans les écoles continentales, illustrés, historiés, ils séduiront bien mieux les bambins couleur d'ébène.

L'Alliance a 13 écoles au Sénégal, échelonnées de Saint-Louis à Bammako, notre poste avancé sur le Niger. Les écoles du haut du Sénégal et du Niger viennent d'être organisées à nouveau par le commandant supérieur du Soudan français : le colonel Galliéni. L'armée est là-bas la meilleure auxiliaire de l'Alliance : ses instituteurs sont parfois des soldats : mais le troupier français est *débrouillard*, il devenait maréchal de France, il peut bien s'improviser maître d'école.

Ce qui se fait sur les bords du Sénégal et du Niger se fera sur ceux de l'Ogooué, au Congo, où, grâce à M. de Brazza, nous avons trop bien commencé pour ne pas poursuivre.

Dans l'Océan, nous avons deux anciennes colonies, Bourbon et Ile-de-France, car, malgré leur loyalisme envers la reine d'Angleterre, les Mauriciens parlent notre langue et travaillent pour nous, aussi je ne veux pas séparer ces deux îles-sœurs, et nous avons enfin Madagascar. La République française vient d'accomplir le projet du cardinal de Richelieu : nos rivaux européens ont dû reconnaître nos droits, l'île est sous notre protectorat. Reste à consolider à jamais notre victoire diplomatique. Nos frères des deux îles jumelles rêvent d'escalader avec une activité dévorante les plateaux restés inaccessibles de l'intérieur. Ils auront pour eux l'Alliance, qui ne veut plus voir la France abandonner la grande île malgache, et la marine qui l'a ressaisie : les officiers de la *Pique*, dans leur longue et pénible croisière, avant même la fin de leur campagne, avaient souscrit leur quote-part pour la propagande par l'école.

Nous avons encore à porter le verbe français dans l'Extrême-Orient.

Il faut maintenir notre supériorité au Japon, chez le peuple le plus révolutionnaire de l'Asie, si intelligent, si mobile. Malheureusement, comme tous les Asiatiques, les Japonais ont le culte de la force récente, il y a, en cette France du soleil levant, un penchant à admirer l'Allemagne. Les jeunes militaires vont y faire leurs études ; l'impératrice, *proh pudor !* fait venir ses robes de Berlin : mais c'est affaire de mode, si le gouvernement nous est infidèle, la nation ne nous oublie pas ; elle a fondé à Tokio une association pour la défense de la langue française ; nous aiderons nos amis jaunes.

Enfin, en Indo-Chine, nous avons acquis un empire de 15 à 20 millions de sujets. Le temps des discussions, des récriminations parlementaires, des polémiques irritantes est loin de nous : l'empire existe, il faut en tirer parti, le champ est ouvert. Sans perdre une minute, nos soldats poursuivant encore les derniers rebelles dans les hautes vallées, il faut commencer la conquête pacifique. Nous ne rencontrons pas en ces régions : Cochinchine, Cambodge, Annam, Tonkin, des races primitives, frustes, mais des races vieillies, affinées. Elles n'ont guère de patriotisme, si longtemps elles ont été soumises à d'horribles despotismes. Laborieuses, elles seront satisfaites de notre administration, qui sera assurément plus honnête et plus douce que celle de leurs mandarins, à l'époque d'une indépendance qui n'était que leur exploitation par une avide aristocratie. Elles ne sont pas fanatiques, ne tiennent qu'au culte de leurs morts, superstitieuses, mais presque irréligieuses ; en revanche, elles vénèrent l'instruction, les savants. Si les Jésuites ont fait au XVIIe siècle, en Chine, l'étonnante fortune que l'on sait, c'est qu'ils s'y présentèrent non en théologiens, mais en mathématiciens, en astronomes, en lettrés. Cette fortune cessa immédiatement dès que, par bref du pape, ils durent brusquement devenir convertisseurs. L'Alliance n'oublie pas leur exemple, elle voudrait que l'on prouvât aux Annamites que nous sommes aussi, après la guerre, amoureux et protecteurs de l'étude. Elle y arrivera en créant des écoles : elle a devancé l'Etat, avant qu'il décrétât les écoles officielles, elle en avait créé une à Qui-Nhon, par l'initiative de M. le vice-résident Lemire.

Avec des écoles françaises, nous en sommes persuadés, le sang d'un Garnier, d'un Rivière n'aura pas été versé, la vie d'un Courbet, d'un Paul Bert, membre de l'Alliance, n'aura pas été dépensée en vain.

*
* *

Voilà le canevas qu'il faut remplir, les grandes lignes de l'œuvre commencée, qu'il faut, prenant enfin l'habitude de l'activité prévoyante, continuer sans trève : c'est pourquoi nous nous adressons à vous.

Il ne faut pas que l'Alliance soit un état-major, il faut qu'elle soit légion.

Où l'Alliance française doit-elle trouver plus de sympathie que dans cette Savoie ? ouverte à toute idée généreuse, et qui, réunie la dernière, officiellement, à l'unité française, a tant fait, dans le passé, pour la gloire de notre langue, lui donnant un François de Salles, un de Maistre, un Rousseau, car il n'est pas Genevois, il a passé, ici, les années décisives de son adolescence.

Joignez-vous à nous, travaillez avec nous, jeunes gens qui êtes plus que nous le lendemain et qui ne pouvez séparer votre propre avenir de l'avenir de la France ; vous, Messieurs.— Vous l'avez vu, nous n'avons pas de Credo étroit, nous croyons à la grandeur de la France dans le passé, à la prolongation de son rôle dans l'avenir. Un des meilleurs résultats de l'Alliance sera de mériter son nom et de rétablir entre nous l'harmonie.

Nous sommes comme nos vins qui, en voyageant, deviennent meilleurs : sur les terres étrangères, dans les pays lointains, nous oublions les querelles intestines, les partis, les nuances byzantines qui souvent nous séparent, nous ne nous retrouvons plus que Français. L'Alliance nous fera mieux connaître les uns aux autres ; en nous faisant travailler à une tâche commune, elle commencera cette absorption de tous les partis en un grand parti national : ce qui est notre désir à tous. Vous, Mesdames, je m'adresse à vous aussi, et je ne vous demande pas d'avoir une hardiesse téméraire, d'autres Européennes ont pris l'initiative : les femmes font partie de l'Association autrichienne : dans une seule ville, Graz sur la Mur, la femme du bourgmestre a réuni autour d'elle plus de 1,700 associées, chaque année la caisse féminine seule reçoit plusieurs milliers de francs pour la propagation de la langue allemande. Vous nous aiderez bien à convertir des âmes à la France: l'Alliance sera certaine de sa pleine victoire quand elle vous aura pour collaboratrices.

En faisant tous partie de l'Alliance, nous serons bien dans les traditions françaises. Les hommes les plus positifs ne peuvent lui reprocher d'être chimérique : elle a compris que nous sommes forcés de refréner notre désintéressement et de nous préoccuper, dans des temps si durs, de nos intérêts matériels ; elle poursuit un but pratique, mais en nous sauvant, en maintenant, dans ce siècle de fer où nous vivons, notre place dans le monde, nous continuerons à faire de la France, comme le disait le grand poète anglais de la Renaissance, le Soldat de Dieu, car étendre sur le globe sa langue et son influence, c'est travailler pour la véritable civilisation.

FIN.

www.ingramcontent.com/pod-product-compliance
Lightning Source LLC
LaVergne TN
LVHW010105230826
846091LV00005B/2092

* 9 7 8 2 0 1 1 7 7 0 4 9 3 *